Élever, éduquer et former les chevaux de manière naturelle

Le livre du cheval pour plus de plaisir à monter et un lien étroit avec votre cheval - guide de santé inclus

Paula Meyerhoff

CONTENU

Ce dont il sera question

Dans ce guide, je souhaite vous donner un aperçu de l'entretien, de l'éducation et de l'entraînement avec le partenaire qu'est le cheval. L'accent sera mis sur le facteur de l'approche naturelle. Les connaissances théoriques de base seront transmises avec des suggestions pratiques correspondantes. Entre-temps, des thèmes tels que la communication entre l'homme et le cheval et le bien-être du cheval seront abordés. Les nouveaux venus dans le domaine de l'équitation obtiennent un aperçu détaillé de la manière de penser des quadrupèdes et du "savoir-faire" équestre. Mais les cavaliers expérimentés, qui se dirigent déjà vers la compétition avec leur cheval, y trouveront également leur compte, du changement de décor à l'entraînement aux leçons de dressage.

Pour le travail avec les jeunes chevaux, le thème de l'éducation est largement abordé.

Je ne prescris pas la manière de monter "correctement" ou "incorrectement". Ce guide n'est qu'une recommandation sur la manière de traiter le cheval de manière appropriée. J'aimerais vous montrer comment encourager les chevaux sans les forcer à faire quelque chose de contre nature, et comment vous pouvez vous occuper d'eux en dehors de l'équitation.

L'objectif général doit être, pour tous les thèmes, le plaisir de monter à cheval et l'harmonie avec le partenaire cheval.

Comprendre le cheval en tant qu'animal

Pour pouvoir travailler avec les chevaux, il faut d'abord les comprendre. Bien qu'ils ne parlent pas notre langue, ils s'expriment très clairement. Auparavant, on pensait que les chevaux suivaient un schéma de stimulus-réponse, mais on s'est vite rendu compte qu'ils étaient capables de penser et qu'ils le faisaient de manière très individuelle. Nous, les humains, pouvons réagir à ce que nous pensons, à condition d'interpréter correctement le comportement d'un cheval. On peut les comprendre en les acceptant fondamentalement.

Les chevaux sont des animaux de fuite et sont donc toujours attentifs et curieux lorsqu'ils ne se trouvent pas dans un environnement sûr ou dans le troupeau. Ils remarquent immédiatement si une situation peut devenir dangereuse. Cela semble souvent amusant, par exemple lorsqu'il s'agit d'une branche d'arbre qui se trouve sur la route. Mais tout ce qui semble inhabituel peut représenter un danger. Avec cette connaissance préalable, il est possible d'atténuer et d'éviter les situations en se mettant à la place du cheval.

Les chevaux expriment leur état d'esprit par des sons, des contacts et des changements de posture. La position des oreilles indique clairement comment le cheval se sent et où se trouve son attention. Mais, comme pour les humains, on peut aussi voir dans les yeux du cheval dans quel état d'esprit il se trouve.

Si l'on observe les chevaux dans un troupeau, il est assez facile de déterminer qui est l'alpha et qui sont les "underdogs", c'est-à-dire les animaux de rang inférieur. Dans un troupeau de chevaux, la hiérarchie fait souvent l'objet d'une lutte. Mais il ne s'agit pas seulement de savoir qui a le plus de force. Les chevaux sont également attentifs aux expériences comportementales et aux compétences sociales. Pour les personnes qui souhaitent travailler avec des chevaux, la connaissance de la hiérarchie est extrêmement importante, car les chevaux testent également le rang des humains, ce qui peut conduire à des situations dangereuses en cas d'urgence. C'est pourquoi il faut toujours faire attention à l'effet que l'on produit sur un cheval.

Les chevaux ne veulent pas non plus être le chef de manière obsessionnelle. Même si une position de chef est attrayante, ils recherchent souvent la sécurité et la protection de leurs congénères et des humains. Par exemple, si un cheval se couche en présence d'un humain, c'est une grande preuve de confiance, car il se sent alors suffisamment en sécurité pour abandonner l'observation de son environnement et se rendre "vulnérable".

Une base d'élevage naturelle et saine

Le mode d'élevage doit respecter tous les besoins du cheval. Pour leur santé physique, mais aussi mentale, ils ont besoin de lumière, d'air, de congénères et d'exercice. Les chevaux sont des animaux qui courent et se déplacent jusqu'à 16 heures par jour dans la nature. C'est pourquoi le mode d'élevage doit avant tout permettre l'exercice. Laisser un cheval dans un box toute la journée est certes pratique, car il est disponible à tout moment, facile à nourrir et généralement propre, mais c'est de la maltraitance animale. C'est pourquoi la détention classique en box doit garantir un accès suffisant au paddock avec une chance de contact social avec les "copains".

Lorsqu'un cheval ne fait pas assez d'exercice, l'ennui se traduit assez rapidement par des bêtises telles que le coassement et le tissage. Le coppage consiste à poser les dents sur un objet horizontal, à contracter les muscles de l'encolure et à aspirer de l'air dans l'œsophage, ce qui produit un bruit de rot. Le tissage se caractérise par le fait que les animaux se balancent d'une patte avant à l'autre en écartant les pattes. La plupart du temps, la tête est également balancée ou tendue vers le haut. Ces deux troubles du comportement ne sont pas physiquement très dangereux pour la santé, mais ils nous indiquent qu'ils sont psychologiquement difficiles à supporter.

Pour rendre le logement en box aussi agréable que possible, il est conseillé d'adapter également le box aux besoins. Si vous disposez d'un maximum de lumière, d'air et d'espace, et idéalement d'un paddock adjacent, le logement en box est déjà plus adapté à l'espèce. La taille du box doit être adaptée à la morphologie de l'animal.

Les chevaux se sentent le mieux dans une stabulation libre ou ouverte. Ils peuvent faire suffisamment d'exercice et, surtout, sont en contact avec leurs congénères.

L'ALIMENTATION

En plus d'un accès suffisant à l'extérieur, une alimentation équilibrée fait partie du bien-être de l'animal. Cela ne signifie pas que seule la nourriture la plus chère ou la plus 'exquise' est la meilleure.

Une bonne connaissance de la morphologie du cheval, de ses besoins et de sa digestion permet d'établir une base solide pour composer l'aliment adéquat pour un cheval. Pour les chevaux ayant des problèmes de santé ou les chevaux de sport, il est recommandé de demander conseil à un professionnel. La paille, le foin, l'ensilage (fourrage vert conservé par fermentation) ou l'herbe constituent la base d'une alimentation équilibrée. Ils fournissent des fibres qui éliminent les substances nocives du système digestif, le soutiennent en général et nettoient l'intestin. Un cheval devrait recevoir environ 1,5 kg de fourrage grossier par jour pour 100 kg de poids. Par exemple, pour un animal de 700 kg, cela représente 10,5 kg de foin, d'herbe, etc. par jour.

En plus du fourrage grossier, il est possible de donner des aliments concentrés, selon le degré d'entraînement du cheval. Ainsi, si le cheval ne reçoit pas suffisamment d'énergie avec le fourrage grossier, il peut être complété par différents mueslis ou granulés. Ceux-ci contiennent beaucoup de céréales, d'huile, de vitamines, de minéraux et d'oligo-éléments tels que le sélénium ou le zinc. Les chevaux de sport reçoivent généralement de l'avoine en complément. Depuis des décennies, c'est la source d'énergie sur laquelle tout le monde compte, et les chevaux l'adorent. Les huiles, obtenues par exemple à partir de graines de lin, peuvent contribuer à l'endurance du cheval. Les chevaux de course reçoivent généralement une alimentation minérale supplémentaire, riche en fer, sélénium et cuivre, afin d'assurer un apport suffisant en substances. Pour les juments qui allaitent leurs poulains, il existe des aliments composés spéciaux, riches en protéines, qui leur apportent suffisamment de nutriments.

Lorsque les poulains sont sevrés du lait maternel, ils ont également besoin de plus de protéines, qu'il faut leur donner.

Le pain, les carottes, les pommes, les bananes et autres aliments peuvent être utilisés pour varier l'alimentation. Mais il faut faire attention : Le sucre et la levure présents dans le pain sont nocifs en cas d'excès, c'est pourquoi tout doit être donné en petites quantités.

L'estomac du cheval est petit. Il faut donc veiller à ce que tout soit donné en petites quantités, régulièrement tout au long de la journée, et non pas en une seule fois. L'idéal est que les chevaux puissent brouter dans un paddock pendant la journée, ce qui permet de couvrir une grande partie du fourrage grossier en plus des concentrés.

LA SANTÉ - LE NERF DE LA GUERRE

Les chevaux sont une grande responsabilité. En particulier lorsqu'il s'agit de la santé de nos amis à quatre pattes. Le pansage quotidien, en particulier, permet de le maintenir en bonne santé. Il ne s'agit pas seulement de soigner le cheval, mais aussi de vérifier qu'il n'a pas de tiques, de petites blessures ou de zones trop chaudes. Cela permet d'éviter des maladies graves, qui peuvent par exemple être transmises par les tiques. Après avoir été au paddock ou avoir marché dans l'herbe haute, il est important d'inspecter le cheval à la recherche de tiques. Si vous remarquez une plaie ouverte pendant le pansage, nettoyez-la délicatement au préalable. Ensuite, vous pouvez appliquer une pommade antiseptique (désinfectante), par exemple une pommade à l'iode. Si vous remarquez des zones chaudes, il est important de les surveiller. Par exemple, si la zone gonfle, cela peut être le signe d'une lésion du tendon. Il est important de faire examiner la zone par un vétérinaire.

De nombreux propriétaires craignent de passer à côté d'éventuels symptômes et de ne pas agir à temps en conséquence. C'est pourquoi il est important de se renseigner sur les symptômes les plus courants des maladies, leurs conséquences et leur traitement.

PLANTES TOXIQUES

Pour éviter l'intoxication, il est important de contrôler régulièrement le paddock. Il peut toujours y pousser des plantes qui nuisent au cheval. Il s'agit entre autres de l'**aconit bleu et de l'aconit rouge**, tous deux facilement reconnaissables à leur couleur vive et à la forme de leur fleur en chapeau. L'**if** est l'une des plantes les plus toxiques pour les chevaux. Il s'agit d'un conifère que l'on trouve aussi souvent sous forme de buisson. Au printemps, il est facilement reconnaissable à ses fruits ronds et rouges. Un autre exemple est le **séneçon jacobée**, que l'on trouve très souvent dans les prairies. Il mesure entre 30 et 100 cm de haut et ses tiges allongées portent des fleurs d'environ 2 cm de diamètre et environ 13 feuilles jaunes. En outre, l'**érable sycomore**, le **millepertuis**, le **faux acacia**, le **buis** et de nombreuses **plantes et fleurs décoratives** sont toxiques pour les animaux à quatre pattes.

L'intoxication par les plantes peut être immédiate ou survenir après plusieurs jours ou semaines. Les symptômes typiques sont la transpiration, les problèmes respiratoires, les tremblements, l'écume dans la bouche, la diarrhée et les coliques.

LA COLIQUE - ALERTE ROUGE

La colique est sans doute ce que la plupart des cavaliers redoutent, car cette affection peut être une question de vie ou de mort. Le terme de colique est un terme générique qui désigne tout type de douleur dans l'abdomen du cheval. Dans la plupart des cas, la colique est la conséquence d'un spasme intestinal. Celle-ci se produit en raison de perturbations dans l'intestin. En cas de dysfonctionnement, les mouvements intestinaux augmentent et d'autres parties se contractent jusqu'à ce que l'intestin ne fonctionne plus. Le cheval ne peut donc plus téter et l'intestin s'obstrue. Différents types de coliques peuvent apparaître de cette manière. Un exemple est la colique d'estomac. Elle survient lorsque l'on donne une mauvaise alimentation. Trop de céréales et de sucre, pas assez de fourrage grossier ou simplement trop de choses à la fois endommagent l'intestin et provoquent une constipation.

L'alimentation est également à l'origine des coliques de ballonnement ou de gaz. Cela se produit par exemple lorsque les chevaux ne sont pas mis au pâturage lentement au printemps et mangent de l'herbe fraîche d'un seul coup. L'herbe jeune est très riche en sucre et en protéines. Si les chevaux en mangent trop d'un coup lors de leur premier passage dans un pré vert, l'équilibre bactérien est perturbé car les nutriments ne sont pas assimilés assez rapidement. Il en résulte des gaz qui dilatent l'intestin parce qu'ils ne peuvent pas être évacués.

La forme la plus grave de colique se produit lorsque l'intestin se noue. L'approvisionnement en sang est alors interrompu, ce qui peut entraîner la mort des tissus. Si le cheval n'est pas opéré assez rapidement, il est condamné.

Les formes légères de coliques ne sont pas opérées immédiatement, un traitement par le vétérinaire de l'écurie est souvent suffisant. Il faut l'appeler immédiatement si vous constatez les symptômes suivants : agitation, apathie, regards répétés vers l'abdomen et piétinements, tortillements, couchers et levers répétés, longues périodes de repos à des heures inhabituelles et respiration agitée. Si l'on soupçonne une colique, il faut immédiatement contacter le vétérinaire. En attendant son arrivée, il est important d'apporter déjà les premiers soins en prenant les valeurs PAT (pouls, respiration, température). En général, il s'agit de 28 à 40 pulsations et de 8 à 16 respirations par minute, ainsi que d'une température corporelle comprise entre 37,5 et 38,3 degrés Celsius.

Il est important d'empêcher toute prise de nourriture. Il est préférable de déplacer le cheval à partir du sol dans un hangar afin qu'il ait toujours la possibilité de se rouler. Si le cheval reste couché, il faut le motiver à se lever. Ce n'est que si le pouls est de 60 ou plus qu'il n'est pas conseillé de bouger, car cela peut entraîner un collapsus. En règle générale, il convient de rester calme et de surveiller le comportement du cheval jusqu'à l'arrivée du vétérinaire.

LE CONTRÔLE DU VÉTÉRINAIRE

Si nous soignons et élevons les chevaux avec soin et de manière adaptée à leur espèce, c'est plus de la moitié de la bataille pour maintenir leur santé. Il est toutefois conseillé de procéder à quelques examens chez le vétérinaire.

En règle générale, un examen d'achat doit être effectué dès l'achat d'un cheval. Comme pour les voitures, il existe un contrôle technique pour les animaux à quatre pattes. Un examen d'achat est pratiquement un petit contrôle technique. C'est l'acheteur qui détermine ce qui doit être examiné. Il s'agit de détecter des maladies ou des blessures graves. Le petit contrôle technique comprend un examen préalable de la peau et du pelage, une auscultation du cœur et des poumons et une prise du pouls, de la fréquence respiratoire et de la température. Ensuite, les yeux, le système respiratoire et nerveux, le cœur, la bouche et les crottins du cheval sont examinés pour déceler toute anomalie. L'appareil locomoteur est également examiné. Le dos est vérifié par palpation et les jambes sont inspectées par étirement. En faisant avancer le cheval, le vétérinaire peut déterminer si l'animal marche sans problème ni douleur. Après l'exercice, le pouls et la respiration sont contrôlés à plusieurs reprises afin de diagnostiquer une éventuelle toux ou des différences de bruits respiratoires.

Il est également conseillé de faire une analyse de sang si vous ne connaissez pas le vendeur. Cela permet de découvrir si des analgésiques ou d'autres médicaments ont été administrés à l'animal.

Lors du grand contrôle technique, des radiographies sont effectuées en plus des petits examens mentionnés ci-dessus. La procédure standard comprend 10 clichés des jambes, afin d'examiner de plus près les sabots, les boulets et les jarrets. En fonction des anomalies que vous avez déjà vues chez le cheval à vendre, les zones concernées doivent également être radiographiées. Avec les résultats de l'examen, le vétérinaire établit un protocole dans lequel sont listées différentes classes de résultats. Un résultat ne signifie pas non plus que le cheval est malade. En fonction de la classe, les anomalies doivent être suivies lors des visites de routine et les traitements éventuels doivent être appliqués.

Pour immuniser un cheval contre les maladies infectieuses les plus courantes, il convient de procéder à certaines vaccinations. Le type de vaccin à administrer, le moment et la fréquence des vaccinations dépendent de l'animal. Les poulains ne doivent pas être vaccinés avant l'âge de cinq mois, car ils ne produisent pas encore les substances nécessaires à la vaccination. Pendant cette période, il bénéficie d'une immunité passive grâce aux substances de défense contenues dans le lait maternel. Le mode d'élevage, les directives des associations d'éleveurs et l'utilisation prévue du cheval déterminent également ce qui doit être vacciné et comment. En règle générale, on vaccine contre le tétanos, la typhoïde équine (inflammation des artères), la grippe équine et le récent virus de l'herpès (atteinte des nerfs).

Les vaccins sont plus efficaces lorsque tout le troupeau d'une écurie est vacciné en même temps. Il en va de même pour le vermifuge, qui débarrasse le cheval des vers qui peuvent s'être installés et qu'il ingère en broutant. Il ne remplit pas son objectif s'il n'est pas administré à tous les chevaux d'une écurie en même temps.

L'éducation

Il y a beaucoup de choses que les chevaux doivent apprendre pour que leurs relations avec eux soient sans danger. Les chevaux aiment être brutaux avec leurs congénères. Les pincements et les bousculades font partie de la vie du troupeau. Mais pour l'homme, ces bousculades ludiques peuvent être dangereuses, car les animaux sont bien plus grands et plus forts. Les chevaux sont des animaux ouverts qui nous incluent dans leur comportement social. Ils doivent apprendre les différences avec leurs congénères. C'est pourquoi les bonnes manières doivent être enseignées dès le poulain. Il ne s'agit pas seulement d'apprendre le respect, mais aussi d'établir la confiance. Dès le poulain, les chevaux doivent pouvoir être touchés partout. Comme les humains, ils ont des endroits qui les chatouillent. Ils doivent apprendre que cela ne signifie pas qu'ils doivent "chatouiller" en retour, mais qu'ils doivent tolérer le contact. Cela facilite également le travail du vétérinaire ou du maréchal-ferrant.

Vous devez toujours indiquer clairement votre position dans la hiérarchie, car les chevaux aiment toujours tester leur position. Cela peut se traduire par des claquements, des bousculades et des coups. Souvent, des comportements tels que pousser l'homme ou se frotter à lui peuvent sembler "mignons", mais le cheval considère alors l'homme comme un animal inférieur. Le comportement doit donc toujours être analysé en détail. Les petits jeux de pouvoir font certes partie du jeu, mais il faut toujours réagir de manière cohérente.

Un "non" vigoureux ou quelque chose de similaire suffit généralement. Si ce n'est pas le cas, il faut hausser le ton. Si l'animal ne réagit toujours pas, un geste menaçant, une traction sur la longe ou une petite tape peuvent aider. Si l'animal réagit et cesse de faire des bêtises, il faut le féliciter. Souvent, il suffit d'adopter une attitude calme, mais claire et confiante pour éviter que le cheval ne teste si souvent.

Toute situation doit être maîtrisée et traitée avec calme. Le stress ne fait qu'empêcher l'apprentissage. Il ne faut pas non plus surcharger les animaux. Ils peuvent rapidement être épuisés, surtout mentalement, et avoir besoin d'un temps de repos pour assimiler de nouvelles impressions. Les séances d'entraînement doivent donc être adaptées non seulement au cheval, mais aussi à leur contenu.

L'immobilité est un exercice important de l'éducation. Les chevaux étant des animaux marcheurs, beaucoup ont du mal à rester immobiles. C'est pourtant la base pour que de nombreux exercices et tâches quotidiennes se déroulent sans problème. Chez le vétérinaire ou le maréchal-ferrant, lors du pansage, de la sellerie ou de la montée en selle, il faut que le cheval reste immobile. L'ordre "Debout !" doit donc être enseigné dès le plus jeune âge. Que ce soit en menant, en attachant ou en grattant, l'immobilité doit devenir une évidence. L'entraînement à l'attache est particulièrement utile si le cheval est accompagné d'un autre cheval qui sait déjà se tenir tranquille. Lorsque vous vous exercez à la conduite, assurez-vous que le cheval comprend la position dans laquelle il doit se trouver. Son épaule doit être proche de celle de l'homme. Une fois qu'un cheval a compris cela, il sait généralement de lui-même quand il va trop vite ou trop lentement, ou quand il doit s'arrêter. La position correcte lors de la conduite a également un rapport avec la personne qui est le chef à ce moment-là. Si le cheval est trop en avant, l'homme ne peut plus intervenir. Dans les allées quotidiennes, il faut donc aussi rester attentif et cohérent ! Surtout avec les jeunes animaux.

L'éducation consiste également à apprendre à un certain âge à mettre et à enlever le bridon et la selle. Par nature, les chevaux ne connaissent pas ces objets et veulent généralement s'en débarrasser le plus rapidement possible. C'est pourquoi la compréhension et la patience sont les maîtres mots de l'éducation. Si quelque chose ne fonctionne pas du premier coup ou si le cheval ne réagit pas comme il est écrit dans les livres, ce n'est pas la fin du monde. Chaque cheval réagit différemment et met plus ou moins de temps à apprendre ou à perdre l'habitude de faire quelque chose.

Bien que les chevaux soient des animaux de fuite, ils sont curieux. S'ils ont peur de quelque chose ou s'ils s'enfuient, il faut leur permettre d'examiner l'objet redouté de plus près, ce qui permet aux chevaux d'apprendre rapidement. Si vous vous exercez souvent à les confronter à des objets inhabituels, tels que des rubans, des parapluies ou des bâches en plastique, leur timidité générale face à des objets inconnus diminuera également. Pour les chevaux particulièrement anxieux, il est souvent utile qu'un cheval expérimenté prenne les devants et montre qu'il n'y a pas de danger, car les chevaux, comme les humains, apprennent par l'exemple.

Pour obtenir un résultat à long terme, il est important de répéter ce que l'on a appris, quel que soit l'âge de l'animal.

Y A-T-IL DU BIEN ET DU MAL ?

Non, comme nous venons de le dire, chaque cheval pense différemment. On peut globalement se baser sur des prédictions comportementales, mais la réalité réserve toujours des surprises. Les erreurs font partie de l'éducation des animaux, qu'elles soient commises par l'homme ou par l'animal.

Occuper, motiver et enseigner les chevaux

Dans la nature, les chevaux ne s'ennuient jamais. Ils sont occupés par leurs congénères, par la recherche de nourriture et par l'observation de l'environnement pour protéger le troupeau. Il faut donc leur proposer suffisamment d'activités et de divertissements.

LA MOTIVATION PAR LA VARIÉTÉ

Les jeunes chevaux en particulier s'ennuient rapidement et deviennent alors peu concentrés. C'est com-
préhensible, nous ne voulons pas non plus entendre les
mêmes informations tous les jours. Il faut donc toujours créer de nouvelles stimulations. Le meilleur moyen
d'y parvenir est de le faire dans la nature. Lors de pro-
menades à pied ou à cheval, on rencontre souvent des
situations inconnues. Il peut s'agir d'un arbre tombé ou
d'un tas de pierres qui n'était pas là la dernière fois.

JEUX DE CHEVAUX

Par nature, les chevaux ont un fort instinct de jeu. Les
spécialistes du comportement affirment que c'est
même un signe d'intelligence supérieure et qu'il leur
permet de rester en forme. Non seulement les chevaux
peuvent s'adonner au jeu au sein du troupeau, mais
nous, les humains, pouvons également nous amuser
avec eux. Les chevaux paresseux et endormis peuvent
ainsi retrouver le plaisir de bouger et les chevaux
agaçants deviennent plus équilibrés. De plus, l'homme
et l'animal apprennent à mieux se connaître et la confiance s'en trouve renforcée.

Des objets simples permettent de jouer facilement. Un ballon de gymnastique peut être reniflé, repoussé ou donné à coups de pied dans une salle, un terrain ou une prairie. Il est également possible de jouer avec de la nourriture. Avec quelques friandises ou carottes dans votre sac, vous pouvez parfaitement "faire l'idiot" avec les chevaux et même jouer à les attraper. Cependant, il faut toujours garder à l'esprit que les chevaux peuvent se montrer exubérants. Une certaine prudence est donc toujours de mise.

TRAVAIL AU SOL

Le travail au sol désigne, comme son nom l'indique, le travail avec le cheval à partir du sol.

C'est la solution idéale pour les chevaux qui ne peuvent pas être montés pendant une courte ou une longue période. Il est gymnastiqué en douceur et la maîtrise de son corps est améliorée. En plus de l'exercice et de la variété, le travail au sol renforce la confiance et assure au cheval qu'il peut compter sur l'homme. C'est aussi une façon beaucoup plus simple et agréable d'enseigner de nouvelles choses aux chevaux.

Un bon exemple est le reculer. Depuis le sol, on peut parfaitement préparer le cheval à cette leçon de dressage. On se place devant le cheval de manière à le regarder. Le corps redressé avec assurance, vous vous dirigez vers l'animal. Dans l'idéal, le cheval s'écartera vers l'arrière sans que vous le touchiez. Si ce n'est pas le cas, il suffit généralement de lui toucher doucement le poitrail et de lui faire signe de reculer. Après quelques passages, l'exercice fonctionnera également sans être touché. En principe, tout exercice de travail au sol peut être testé au préalable. Il peut s'agir de marcher dans l'eau, de marcher sur des bâches, de leçons de dressage ou de travail sur cavaletti. Depuis le sol, les chevaux ne sont pas confrontés seuls, mais ont toujours une personne de référence à côté d'eux. Et c'est bien là l'objectif principal : relever différents défis ensemble.

Si un exercice fonctionne, que ce soit du premier coup ou après une longue période d'essai, il est important de le féliciter abondamment. Mais cela ne doit pas se faire à chaque fois avec une friandise. Une caresse entre les yeux est également une récompense. La voix a également un effet gratifiant si elle est utilisée sur un ton calme. Sinon, tout se passe en un clin d'œil et le cheval commence à exécuter des tâches sans y être invité pour obtenir des friandises. Ce type de mendicité est à éviter.

Entraînement au clicker

Un autre type de récompense est le clicker. Il est plus connu pour le dressage des chiens, mais il peut être utilisé avec n'importe quel animal. Le clicker est un petit appareil dans lequel se trouve une grenouille à craquer. En appuyant dessus, on entend le son typique du clic. Pour entraîner un cheval, il suffit d'appuyer une fois sur le clicker après un exercice réussi et de donner immédiatement une friandise. Cela se poursuit jusqu'à ce que le cheval comprenne que le clic est une récompense. L'un des avantages du clicker est qu'il permet de féliciter le cheval à une certaine distance.

Le clicker peut être associé au travail avec le targetstick. Il s'agit d'un bâton au bout duquel se trouve une balle. Lorsque le cheval la touche avec son nez, il est félicité. L'animal associe le stick à quelque chose de positif. L'objectif est d'amener les chevaux à découvr des choses inconnues à l'aide du Targetstick.

Travail en cavaletti

Le travail avec des cavalettis est un exercice d'a et est pratique dans les jeunes années du che a l'intention de travailler les sauts plus t s'agit avant tout d'une gymnastique pour tous les chevaux et tous les cavaliers, car elle exige une assise solide. Sans équilibre, rien ne fonctionne. Les cavalettis sont des barres d'environ 3 mètres de long. Ils sont posés sur le sol ou placés de manière à former des obstacles de 40 à 80 centimètres de haut. Le montage peut être varié.

Cependant, la plupart du temps, plusieurs barres sont placées l'une derrière l'autre. Il faut d'abord que le cheval se sente à l'aise pour passer dessus. Pour cela, au début du travail avec des cavalettis, il faut simplement le faire passer par-dessus. Lorsque le cheval semble avoir le pied plus sûr, on peut commencer à le chevaucher au pas. Si cela se fait sans problème, on peut passer au trot, puis au galop. Cela permet surtout de renforcer le sens du rythme. C'est pourquoi il est également conseillé aux cavaliers qui se spécialisent plutôt dans le dressage de s'entraîner de temps en temps sur des cavaletti.

L'aire de jeux pour chevaux

Les barres permettent également de faire autre chose que de construire de petits sauts. Sur le terrain de jeu pour chevaux, il est un peu moins question de tact que dans le travail avec des cavalettis. Il s'agit avant tout de s'amuser. Mais il faut aussi se concentrer. Si quelque chose ne va pas, il ne faut pas le punir. Après tout, le cheval apprend de nouvelles choses et doit y prendre plaisir. Les erreurs font également partie du jeu.

En quelques gestes, il est possible de construire un petit labyrinthe ou un carré à l'aide de piquets pour y faire passer les chiens. Il s'agit ici de faire preuve de souplesse et d'avoir le pied sûr. Les virages serrés ne sont pas si faciles pour les chevaux. Ils doivent alors déplacer leur équilibre vers l'arrière. Cet exercice est très pratique pour les jeunes chevaux qui se préparent à l'équitation et portera ses fruits plus tard. L'équilibre des chevaux peut également être travaillé en construisant un "L" avec des barres. Le cheval doit être guidé en avant, mais aussi en arrière, à travers celui-ci. Cela demande de la concentration et de la coordination de la part des deux partenaires.

Si vous avez quelques barils en tôle ou en plastique, vous pouvez les utiliser pour un slalom de barils. Ils peuvent être assemblés de n'importe quelle manière.

Au début, il faut s'assurer qu'il y a suffisamment d'espace entre les barils. Au fil du temps, cet espace peut être réduit pour augmenter le niveau de difficulté. Outre l'aspect ludique, le résultat est ici aussi que le cheval devient plus souple.

Il faut du courage pour travailler avec des pneus de voiture. Si vous avez de vieux pneus, vous pouvez également les utiliser pour jouer. Cela permet de développer la confiance, car pour la plupart des chevaux, ce sera la première fois qu'ils rencontreront cet objet étrange. Avant de commencer, il faut donc les faire sentir. Une fois que le cheval s'est familiarisé avec le cerceau et qu'il semble calme, vous pouvez l'amener plus loin, jusqu'à ce qu'il y mette éventuellement un sabot avant. Sinon, vous pouvez aussi l'aider un peu en levant la jambe et en la plaçant lentement dans le cerceau. S'il y parvient, il faut le féliciter longuement. Avec un entraînement conséquent, il est possible d'arriver à ce que le cheval mette ses quatre pattes en même temps dans un cerceau. Cet exercice est particulièrement utile lorsque les jambes doivent être refroidies dans des seaux d'eau, par exemple à la suite d'une maladie.

Il existe également de nombreuses autres possibilités d'aménager une aire de jeux pour chevaux. Pour cela, il suffit d'être créatif.

Faire de la longe

Le travail à la longe consiste à faire faire au cheval un cercle autour de lui à l'aide d'une longe (environ 9 mètres de long). Pour cela, le cheval peut porter une bride ou un bridon. Il s'agit d'une bride qui ressemble à une muserolle typique, sauf qu'elle agit sur l'os nasal et non sur la bouche. Si vous utilisez un bridon avec mors, il est recommandé d'utiliser des lunettes de longe. Les lunettes de longe sont une courte lanière, généralement en cuir, munie de mousquetons à chaque extrémité. Ils sont attachés par le bas aux anneaux du mors. La longe est attachée à un troisième mousqueton situé au milieu de la sangle. En utilisant des lunettes de longe, l'action sur la longe n'est pas seulement unilatérale, mais également répartie sur les deux côtés du mors.

Pour aider les chevaux à s'étirer et à se rassembler, vous pouvez utiliser un harnais de longe avec des rênes auxiliaires. Elle est placée au niveau du garrot, comme une selle. Elle est munie d'anneaux qui permettent d'attacher les rênes auxiliaires. Les rênes triangulaires en sont un exemple. Elles se composent de deux longues

sangles qui sont attachées au point le plus bas de la
sangle et passent ensuite entre les pattes avant jusqu'aux anneaux du mors. Elles sont ensuite passées à
droite et à gauche du cheval jusqu'aux anneaux, où elles sont à nouveau attachées. Un triangle est formé
entre le mors et la sangle. Les rênes prennent la place
du poing directeur du cavalier et doivent uniquement
aider à l'étirement et à l'extension. Un fouet fait également partie de l'équipement de base nécessaire à la
longe. Il sert à encadrer le cheval. Il doit être pointé
juste derrière l'arrière-main pour faire avancer le cheval. Il y a donc un triangle entre le cavalier, la tête et
l'arrière-main du cheval. Pour renforcer la poussée, la
cravache peut être brandie. Pour ralentir le rythme, il
peut être dirigé plus loin vers l'arrière, ce qui ouvre le
triangle et donne au cheval de l'espace vers l'arrière.

Le travail à la longe est particulièrement adapté
pour varier le programme d'entraînement. Elle constitue également une bonne alternative lorsque le cavalier
ne peut pas travailler le cheval par le haut pour des rai-
sons de santé, par exemple, ou lorsque le cheval n'est
pas montable. En général, le travail à la longe favorise
la concentration, la condition physique, la coordination et la confiance. Elle est également utile pour l'apprentissage de l'assiette et l'enseignement aux

débutants. Elle permet au cavalier de faire pleinement attention à son assiette sans avoir à se concentrer à 100 % sur le rythme ou la direction dans laquelle il monte. De même, le travail à la longe rend l'enseignant plus à l'aise. Il peut intervenir plus facilement et s'occuper davantage de l'assiette de l'élève.

Il ne faut pas oublier qu'il faut changer régulièrement de côté, car le cheval ne marche finalement que dans une seule direction lorsqu'il est en longe. Ici aussi, il faut penser à la régularité.

Horsemanship

Le horsemanship englobe l'art général de l'équitation et le traitement équitable des chevaux. Il commence donc dès que l'on s'occupe de l'animal.

Le terme a été rendu célèbre par Pat Parelli et Monty Roberts, tous deux anciens cavaliers de rodéo. L'objectif est de créer un lien avec le cheval et de ne pas exiger une performance que le cheval ne peut pas fournir. Cela n'est possible qu'avec des règles claires et une communication équitable. Un entraînement correct se caractérise par de petites étapes qui s'enchaînent.

PAT PARELLI - LE DRESSAGE AU NATUREL

Le Natural Horsemanship de Pat Parelli consiste principalement à former l'homme de manière à ce qu'il comprenne au mieux le comportement du cheval. Le travail avec le cheval implique avant tout une confiance mutuelle ainsi que le respect et une communication libre, en tenant compte des différents caractères des chevaux. C'est ce que décrit le terme "horsenality". Même parmi les chevaux, il y a des animaux plutôt extravertis et d'autres plutôt introvertis. Les différents types de chevaux ont besoin de différentes manières de se comporter. Certains exercices peuvent nécessiter une approche totalement différente pour que le cheval comprenne l'homme. On distingue le "cerveau gauche" (left brain) et le "cerveau droit" (right brain). Les chevaux du "cerveau gauche" sont courageux, dominants et calmes, tandis que les chevaux du "cerveau droit" sont plus méfiants, réservés et anxieux.

Une autre étape de l'analyse de la "Horsenality" consiste à déterminer si un cheval est introverti, c'est-à-dire avec plutôt peu d'envie d'aller de l'avant, ou extraverti, avec beaucoup d'énergie et d'envie de bouger . On peut en déduire qu'un cheval "cerveau gauche, extraverti" a besoin de beaucoup de variété et apprend rapidement. Si le cheval est "Left Brain, introverti", il sait exactement ce qu'il veut et n'est généralement pas prêt à en faire plus. "Right Brain, extraverti" est un cheval qui devient rapidement anxieux et remet en question tout ce qui est possible. Un cheval qui est réservé et calme appartient à la catégorie "Right Brain, introverti". En fonction de la catégorie, le comportement que l'homme choisit d'adopter avec un cheval, par exemple dominant ou inspirant confiance, doit être adapté. Ce n'est qu'ainsi qu'une communication loyale et libre est possible.

Il existe également les "Sept jeux de Parelli". Là encore, l'objectif est d'optimiser la communication entre l'homme et le cheval. Les jeux se suivent. Le premier jeu peut toutefois être intégré de temps en temps.

"The Friendly Game" (le jeu de l'amitié) constitue le début de la série de jeux. Il s'agit de rassurer le cheval en lui disant que vous ne lui faites pas de mal et qu'il peut vous faire confiance. L'animal est toujours influencé positivement par les caresses. De temps en temps, il est cependant confronté à des situations ou des objets effrayants. Par exemple, chez un jeune animal, il peut s'agir d'un chabraque. Celle-ci est posée sur le dos du cheval à plusieurs reprises pendant les caresses, puis elle est caressée et enlevée. Pendant ce temps, le cheval ne doit pas être attaché, mais seulement tenu par une corde. Le cheval doit avoir la possibilité de s'écarter du chemin. Il est également important que l'alternance de confrontation et de caresses se fasse à un rythme constant. Cela permet au cheval d'anticiper la situation. Cela lui donne une certaine sécurité. L'objectif est que le cheval apprenne que rien de mal ne lui arrivera en présence de l'homme.

Le deuxième jeu est **"The Porcupine Game"** (le jeu du porc-épic). Il s'agit d'apprendre au cheval à céder à la pression. Cela permet d'apprendre à faire des tours d'avant et d'arrière-main au sol, mais aussi à reculer et à baisser la tête. Prenons ce dernier exemple : on commence par exercer une pression légère et constante derrière la nuque avec le bout des doigts. Si le cheval ne réagit pas, on intensifie la pression. Si rien ne se passe, la pression est encore un peu plus forte. Si le cheval baisse la tête, la pression est immédiatement et complètement supprimée. Le fait que la pression ne le suive pas est un lien positif pour le cheval. Après quelques exercices, le cheval comprend qu'il doit réagir à la pression en s'écartant.

"The Driving Game" (Le jeu de conduite) est le troisième niveau de jeu. Il s'appuie directement sur le "Porcupine Game". Le cheval doit maintenant apprendre à s'écarter de l'homme sans le toucher. Par exemple, s'il doit reculer, il faut aller tout droit vers l'animal. L'idéal est qu'il recule tout de suite s'il a déjà compris qu'une certaine distance doit être respectée. Sinon, vous pouvez l'aider d'un geste de la main ou en agitant une corde. Mais là encore, le cheval ne doit pas être touché. On s'entraîne ainsi jusqu'à ce que l'animal recule lorsque la distance se réduit.

Le quatrième jeu est **"The Yo-Yo Game"** (le jeu du yo-yo). Il s'agit de renvoyer le cheval sur une ligne droite et de le charger à nouveau. Ce jeu doit également fonctionner sans contact (sauf pour féliciter le cheval).

Vient ensuite **"The Circling Game"** (le jeu du cercle). Le cheval est longe pour cela. Le but est que le cheval garde l'allure demandée jusqu'à ce qu'il soit invité à faire autre chose. Pendant ce temps, vous devez rester au centre du cercle et ne pas le suivre. Dès que le cheval quitte l'allure demandée, on le fait entrer un peu sur le cercle et on le fait ressortir. Le cheval comprendra rapidement qu'il est plus agréable de rester sur le cercle.

S'il garde la bonne allure, on le laisse tranquille. Pendant cet exercice, vous pouvez également ajouter des cavalettis sur le cercle pour varier les plaisirs.

Dans le **"Sideways Game"** (jeu latéral), le cheval est d'abord écarté par la tête en exerçant une légère pression, puis par l'arrière-main. Cela est répété jusqu'à ce que le cheval s'oriente de lui-même et se déplace latéralement. Pour éviter qu'il ne se déporte vers l'avant, il est utile d'effectuer cet exercice devant un mur ou une clôture. Il est important de s'exercer de manière égale des deux côtés du cheval.

Enfin, **le jeu "The Squeeze Game"** (le jeu de l'entre-deux). Vous vous placez devant un mur à une distance d'environ trois mètres et demandez au cheval de passer entre les deux. La distance par rapport au mur est ensuite réduite progressivement jusqu'à un mètre. Il faut lui laisser un moment pour se détendre après le passage, afin qu'il associe cela au confort. Cela peut être très utile pour le chargement d'une remorque.

Dans chacun des jeux, le cheval est sollicité psychologiquement. Il faut donc veiller à ne pas trop le
solliciter. La réflexion peut également être très
fatigante.

MONTY ROBERTS - JOIN-UP

Une méthode spéciale de Monty Roberts est le join-up.
A l'origine, il s'agissait d'une alternative au "break",
c'est-à-dire au débourrage forcé de mustangs sauvages.
Dans un roundpen (un espace circulaire clôturé), le
cheval se déplace librement autour de l'instructeur, qui
se trouve au centre. En faisant partir le cheval par des
signes de la main ou en lançant une longe en direction
de l'animal, l'entraîneur veut lui faire comprendre : "Si
tu ne veux pas venir vers moi, alors va-t'en". Si l'oreille
intérieure est dirigée vers l'instructeur, celui-ci sait
qu'il a l'attention avec lui. Étant donné que les chevaux
sont des animaux grégaires, au bout d'un certain
temps, il ressentira le besoin de rejoindre quelqu'un. En
léchant ses lèvres, en mâchant et en baissant la tête, le
cheval signale qu'il se soumet.

Si le cheval exprime ce souhait, l'instructeur
s'avance légèrement devant le cheval pour le ralentir.
Ensuite, l'instructeur se tourne vers l'axe de l'animal,

les yeux baissés, à un angle de 45 degrés. C'est ce que l'on appelle "inviter le cheval dans le troupeau". Si le cheval répond, il s'approche de l'instructeur et cherche le contact - c'est ce qu'on appelle le join-up. L'instructeur peut alors se tourner lentement vers le cheval et le caresser d'abord entre les yeux. Ensuite, il peut également le gratter légèrement sur tout le corps pour lui souhaiter la bienvenue. Dans la nature, les chevaux se renifleraient et apprendraient à se connaître. Aucun contact visuel n'est établi pendant toute la durée du processus.

Le join-up est suivi du follow-up. Ainsi, lorsque l'instructeur se met en route, on peut s'attendre à ce que le cheval suive. Le cheval le considère comme un guide et s'est soumis.

Toutefois, si l'animal ne s'approche pas de l'instructeur, celui-ci peut faire quelques allers-retours en gardant une attitude passive par rapport au cheval et en gardant une distance suffisante. Si le cheval ne réagit toujours pas, il est renvoyé et le jeu recommence.

Dressage naturel

Pendant des siècles, le cheval a été considéré exclusivement comme un animal de rente. On l'associe souvent au sport de dressage et, dans certains cas, on remet en question les intentions des cavaliers. Parmi les critiques, on entend souvent dire : "Le cheval n'est plus qu'un objet de sport qui doit être beau et performant. S'il ne le fait pas, on a recours à des moyens plus durs". Chacun doit définir pour lui-même les règles qu'il entend suivre avec ses quadrupèdes. Ce n'est pas parce que certains comportements sont discutables que le dressage est une forme de cruauté envers les animaux. L'exécution de leçons lors d'un concours n'a rien à voir avec le dressage de leçons dans un but en soi, comme dans un cirque par exemple. Le dressage est la base de toute formation d'un cheval. Il vise à améliorer les possibilités de mouvement de l'animal et à établir une communication fine entre le cavalier et le cheval. Le cheval n'est pas fait pour le dressage, mais le dressage est fait pour le cheval. Sa musculature doit être assouplie, élastiquée et gymnastiquée. Ce n'est qu'ainsi que les leçons de dressage peuvent être maîtrisées avec succès et dans le respect de l'espèce.

LA FORMATION

Pour qu'un cheval soit prêt à travailler, bien éduqué et agréable à monter, il doit être éduqué avec soin. L'éducation d'un cheval est basée sur une échelle publiée par la Fédération équestre allemande (FN). Celle-ci est divisée en plusieurs phases. La première phase est la phase d'adaptation, au cours de laquelle le tact et la décontraction sont enseignés.

Cela signifie que l'on veille à la régularité des pas et des sauts et que les muscles se contractent et se relâchent sans crispation. Cette phase se poursuit par le développement de la force de poussée dans la deuxième phase. Ici, on travaille déjà sur une liaison souple et constante entre la bouche du cheval et la main du cavalier.

Il faut également développer l'impulsion. Cela signifie que l'arrière-main doit être plus active afin de créer un mouvement global vers l'avant via le dos. Dans la troisième phase, l'objectif est de développer la portance. Pour ce faire, les deux côtés du corps du cheval doivent être entraînés de manière égale afin de compenser l'obliquité naturelle de chaque cheval. En outre, la phase finale consiste à développer le rassemblement. Pour cela, il faut travailler à ce que l'arrière-main s'enfonce davantage. Cela peut être favorisé par exemple par un travail sur les changements de rythme et l'épaule en dedans (une forme d'allure latérale). Certains points se développent en parallèle et chevauchent les trois phases.

Grâce au travail au sol et à l'éducation générale, on travaille en plus des phases sur la perméabilité et l'équilibre. Selon ce concept, un cheval est formé de manière équitable. L'équitation classique se base sur les besoins, les dispositions individuelles et les conditions physiques de l'animal. Il doit être gymnastiqué et renforcé de manière équilibrée. Pour cela, il faut un cavalier avec des aides fines et une assiette équilibrée. L'objectif est d'obtenir un cheval prêt à la performance, volontaire et confiant. La base est ainsi posée pour d'autres entraînements.

On ne peut pas enseigner aux chevaux ce que leur nature ne peut pas faire d'elle-même. Nous ne faisons qu'entraîner l'exécution d'une leçon en fonction d'une aide spécifique.

LA STRUCTURE D'UNE LEÇON D'ÉQUITATION DE PROMOTION

La phase de résolution est le point de départ. Elle est très importante, car elle constitue la base de la formation. Des erreurs peuvent déjà se produire à ce stade. Pas assez de pas, pas assez d'avant, pas de figures de sabot , des virages trop serrés, des leçons demandées trop tôt, etc. C'est pourquoi il est important de prendre soin de son cheval. Comme son nom l'indique, le cheval doit se détendre pendant cette phase. Cela signifie que les muscles et les articulations doivent être échauffés et que la circulation sanguine doit être activée.

Commencez par une phase de marche. En règle générale, on dit qu'elle doit durer environ 10 minutes, mais cela varie d'un cheval à l'autre. Un cheval de sport s'échauffera plus vite qu'un cheval plus âgé. Les changements d'allure fréquents, les changements de main et les grandes lignes courbes aident à ne pas surcharger les articulations. Le temps nécessaire pour atteindre l'objectif de la phase de solution varie d'un cheval à l'autre. Vous pouvez tester la disponibilité à l'extension en faisant "mâcher les rênes de la main". Vous pouvez vérifier si le cheval se tient aux aides en passant le poing de la bride le long de la crête de la crinière. Si tout se passe bien et que le cheval ne s'énerve pas, on peut passer à la phase suivante. Dans la phase de travail, tous les points mentionnés dans le thème de l'échelle de formation doivent être atteints.

La régularité, le relâchement, le rassemblement, la perméabilité, etc. sont évalués ici. L'objectif exact à atteindre à ce stade et le degré d'apprentissage des leçons dépendent du niveau du cavalier et du cheval. Les objectifs d'un entraînement doivent en tout cas être adaptés au niveau d'entraînement des deux partenaires sportifs. En règle générale, l'attelage peut être amélioré en changeant d'allure et en variant les figures de maréchalerie. L'attelage peut être amélioré à l'aide de parades (combinaison de l'aide du poids, de la jambe et des rênes), du demi-tour (le cheval tourne à 180 degrés autour de l'arrière-main avec l'avant-main) et du reculer. Il existe d'innombrables magazines et livres pour trouver des idées d'entraînement, varier les exercices et se fixer de nouveaux objectifs. Vous pouvez également demander de bons conseils à des cavaliers expérimentés ou à des instructeurs.

Il est important de faire des pauses entre les exercices. S'accrocher à un exercice est contre-productif. L'animal et le cavalier se fatiguent et peuvent même se sentir frustrés. C'est pourquoi, lors d'un entraînement intensif, il faut de temps en temps faire des pauses de quelques minutes pour se détendre et respirer.

Une fois la phase de travail terminée avec succès, il ne faut plus rien essayer. Une formation doit toujours se terminer sur une expérience positive. Si quelque chose ne se passe pas comme prévu, ce n'est pas la fin du monde. Les bas font partie du jeu, sinon il n'y aurait pas de hauts. En cas de dépression, il ne faut blâmer personne pour l'échec de quelque chose. Il s'agit plutôt de prendre conscience de ses lacunes et de s'en servir pour progresser. Souvent, c'est simplement l'humeur du jour qui fait que quelque chose ne va pas, que ce soit pour nous ou pour l'animal. Comme les humains, les chevaux ont parfois de mauvaises journées, où ils manquent de force ou ont la tête qui fume. Les juments en particulier ont très souvent des humeurs changeantes. Il ne faut pas en vouloir au cheval ni à soi-même. Il y a toujours un nouveau jour. Pour finir, il faut donner une leçon qui aboutira certainement à un résultat positif. Si l'on est satisfait, on passe à la phase de détente. La leçon se termine par un trot léger et décontracté et par "faire mâcher les rênes de la main". Vient ensuite une phase de pas, adaptée à l'entraînement, pendant laquelle le cheval peut s'étirer en avant et en bas. Il doit donc cambrer son dos et appuyer activement sous l'arrière-main afin de pouvoir courir librement à partir de l'épaule.

LES LEÇONS DE DRESSAGE

Le "dressage" ou plutôt l'entraînement de leçons ne sert pas au cavalier, mais à la gymnastique du cheval. Il ne s'agit donc pas seulement de le solliciter, mais surtout de le stimuler. Différents exercices permettent de résoudre des désaccords ou même des problèmes. En dressage, ces leçons sont présentées en fonction de la classe lors d'une épreuve. Pour les leçons les plus courantes, nous verrons comment utiliser les aides nécessaires et comment les exécuter correctement.

Lors du **reculer**, le cheval recule en diagonale à deux temps. Le cheval donne des coups de pied et non des pas comme d'habitude. Normalement, le cheval marche à quatre temps, c'est-à-dire qu'il pose chaque sabot séparément. Cependant, lorsqu'il recule, le cheval marche à deux temps, c'est-à-dire simultanément à l'avant droit et à l'arrière gauche, puis simultanément à l'avant gauche et à l'arrière droit. Cette leçon requiert une assiette équilibrée du cavalier et un cheval qui se tient aux aides. Pour éviter les erreurs, il est préférable de commencer l'exercice depuis le sol. Le timing est ici très important, c'est pourquoi il faut faire attention à chaque mouvement du cheval. Cette leçon peut être commencée à n'importe quelle allure. Une fois le cheval paré et à l'arrêt, il faut d'abord penser à l'avant. Dès que le cheval veut faire le premier pas dans l'épaule, vous pouvez penser à l'arrière. En soulageant légèrement le dos, on donne de l'air pour reculer. Renforcez ensuite l'impulsion et donnez une demi-parade. En fonction de l'assiette du cheval, l'aide à la propulsion et à l'allègement doit être renforcée ou réduite. L'objectif est d'obtenir un cheval rassemblé et qui part clairement au galop.

Le **demi-tour court** est une rotation des postérieurs où le cheval tourne à 180 degrés autour de son avant-main. Important : il ne doit pas avancer, mais seulement se déplacer latéralement. Pour cela, il faut que le cheval soit rassemblé et que ses postérieurs puissent porter une charge.

Le cavalier commence le demi-tour en donnant une demi-parade pour rassembler le cheval. Il le place ensuite à l'intérieur. Ensuite, l'équilibre est déplacé vers l'intérieur, la cuisse extérieure commence à pousser doucement et la main intérieure indique la direction. Pendant ce temps, la cuisse extérieure ne doit pas être trop en arrière, car cela activerait l'arrière-main et le cheval se mettrait à faire un écart de cuisse. Une fois que le cheval est revenu sur la piste, il est redressé.

Monter le **trot et le galop moyens est une** excellente gymnastique pour les chevaux et renforce surtout les postérieurs. Cette leçon met en évidence l'influence que le cavalier peut avoir sur l'animal. On pense souvent qu'il suffit de faire avancer le cheval plus vite, mais ce n'est pas le but ici. Il s'agit de faire en sorte que les foulées augmentent et que le cheval donne activement des coups de pied avec son arrière-main. Pour ce faire, le cavalier renforce les aides motrices et rattrape simultanément le cheval à l'avant, de sorte qu'il se rapproche de la main du cavalier. Pour cela, il faut que l'animal ait un appui constant et qu'il réagisse bien aux aides de la cuisse et du poids du cavalier.

Le **trot et le galop rassemblés** montrent le contraire. L'arrière-main prend plus de charge, les foulées sont raccourcies et il y a un moment de suspension un peu plus long entre les foulées.

Pour de nombreux chevaux, le **galop extérieur est** difficile car ils ne peuvent pas s'équilibrer suffisamment. La plupart du temps, il manque également de la force dans les postérieurs pour supporter la charge. Cependant, avec un peu d'entraînement, tout est possible. On commence par un galop en main, puis un changement de main. Une figure de maréchal-ferrant pratique pour cela est "tourner de l'angle". Une fois que vous êtes sur la nouvelle main, vous devez maintenir le cheval sur l'ancienne main. Cela signifie que la jambe intérieure reste derrière, comme si elle était extérieure, et que le cheval est légèrement tourné vers l'extérieur. Il est important de soutenir au mieux l'équilibre du cheval sur . Une fois de plus, vous verrez si le cheval marche aux aides et au rassemblement.

L'épaule en dedans est une excellente leçon pour développer la souplesse et l'équilibre du cheval, mais aussi pour le rassembler. Il s'agit de placer le cheval à l'intérieur, de la tête jusqu'aux épaules, de manière à ce qu'il se déplace sur trois sabots et qu'il soit placé à environ 30 degrés par rapport aux limites du manège ou du terrain. Il ne doit cependant pas être trop courbé. Il est préférable d'effectuer l'épaule en dedans à partir d'un cercle. Lorsque vous vous approchez de la longue ligne droite, gardez la position, mais utilisez la jambe intérieure pour pousser le cheval tout droit le long de la bande. La rêne extérieure peut être ouverte au minimum pour donner au cheval de l'espace pour courir. Il est important que le cavalier reste droit sur sa selle. En déplaçant son poids, il déséquilibre le cheval. L'épaule en dedans peut être monté au pas, au trot et au galop.

L'**assouplissement des jambes** est une bonne leçon, surtout pour les débutants, afin de comprendre l'interaction entre les aides du poids, de la jambe et des rênes, car celles-ci doivent être très bien coordonnées pour réussir l'exercice. Comme pour l'épaule en dedans, le cheval se déplace sur plusieurs sabots. Ici, chaque sabot se trouve sur une foulée, ce qui signifie qu'il y en a quatre au total. Le cheval est placé au maximum à 45 degrés. Au début, il peut aussi être placé par rapport à la bande, ce qui peut aider à tracer la ligne. Sinon, le cheval se déplace généralement sur la ligne médiane ou la ligne des quatre et change de piste à partir de là. Pour ce faire, le cavalier déplace son poids d'un côté et pousse avec la jambe intérieure à laquelle le cheval doit céder. Il est important qu'il ne pousse pas seulement latéralement, mais aussi vers l'avant. La cuisse extérieure reste attachée à la sangle. La limite est donnée par la rêne extérieure. La rêne intérieure donne la position. Le cheval ne doit cependant pas se courber, mais rester droit. C'est pourquoi cette leçon ne fait pas partie des allures latérales.

Le **traversal** fait partie des allures latérales. Il se fait au trot rassemblé ou au galop rassemblé. Comme pour l'assouplissement et l'épaule en dedans, le cheval va de l'avant vers l'arrière, mais il est courbé et placé. Selon le niveau de difficulté, il peut s'agir d'une transition sur toute la piste ou, dans les catégories supérieures, d'une transition sur la moitié de la piste.

La leçon est introduite par des demi-parades pour rassembler le cheval. Si l'on passe du côté court au côté long, l'incurvation et la position sont maintenues à partir de la courbe. L'os fessier interne est sollicité, la cuisse interne pousse et maintient le cheval dans l'incurvation, tandis que la cuisse externe se trouve derrière la sangle et provoque l'avant-latéral. La rêne intérieure peut être utilisée pour soutenir le déplacement latéral. La rêne extérieure a un effet de limitation. Un demi-traversal se monte uniquement jusqu'à la ligne médiane ou à partir de celle-ci. Dans le cas d'un cross-over en zigzag, on se déporte sur la ligne médiane et on effectue le cross-over jusqu'à la ligne des quatre points.

Là, vous changez de direction et traversez la ligne médiane jusqu'à la ligne des quatre points de l'autre côté. Là aussi, le cheval change de direction et se déplace jusqu'à la ligne médiane. Le traversier s'arrête là.

Le traversier peut également être effectué au galop. Dans ce cas, un changement de pied volant est effectué sur les points de changement.

Des changements de pied simples stimulent et encouragent la perméabilité du cheval. Pour cela, il faut que le cheval soit capable de parer tranquillement et de manière fluide au pas et de galoper depuis le pas. Une fois cette étape franchie, on peut travailler sur les changements de pied. Le changement de pied simple consiste à passer du galop au pas et à le parcourir sur environ une longueur de cheval. Le cheval est d'abord mis en ligne droite, puis passe à l'autre main. Le cheval repart ensuite au galop sur cette nouvelle main. Le meilleur moyen de s'entraîner est de changer de cercle ou de faire un demi-tour. Le "demi-tour" se fait au galop en main. Une longueur de cheval avant d'atteindre le sabot, le cheval est mis au pas et changé de main. Il est ensuite remis au galop sur la nouvelle main. Le même exercice est effectué sur un cercle. Il faut "changer de cercle" en parant sur X, en changeant de position et en repartir au galop.

Si le changement simple fonctionne bien, vous pouvez commencer à travailler le **changement à la volée**. Les figures de maréchal-ferrant appropriées sont ici aussi le "changement de cercle", le "demi-tour de coin" et le "changement de piste". Prenons l'exemple de "changer de main sur toute la piste". La figure de la foulée est abordée au galop de main. X est le point sur lequel le changement à la volée doit avoir lieu. Pour commencer, vous pouvez vous aider d'un cavaletti que vous placerez sur le point où vous souhaitez sauter. Ensuite, vous pouvez passer à une barre posée sur le sol. Si cela fonctionne, vous pouvez l'enlever et vous entraîner sans aide.

Les changements de pied en série ne sont demandés qu'à partir de la classe S. Il s'agit d'un enchaînement de changements de pied au galop. On distingue les changements de pied à un, deux, trois et quatre. Dans le cas d'un changement à un, un changement volant est effectué à chaque saut de galop. Le cheval reste droit. Les changements à deux se font tous les deux galops. Les changements à trois sont effectués tous les trois galops et les changements à quatre tous les quatre galops. La plus grande difficulté est de garder la même vitesse et le même rythme.

Pour monter un cheval aux aides intérieures, on peut utiliser le **renversement**. Il s'agit de diriger le corps du cheval vers l'intérieur, sur le côté long, en s'éloignant de la bande. Le cheval est cependant dirigé vers la bande. L'aide du poids se fait d'un côté dans le sens du mouvement et la jambe intérieure pousse l'arrière-main latéralement. La rêne intérieure délimite et la rêne extérieure indique la direction.

Le **piaffer** est une leçon qui exige un rassemblement absolu, car le mouvement de trot du cheval est tellement rassemblé que le cheval n'avance qu'au minimum. L'arrière-main du cheval passe largement sous le corps. Les sabots sont alors levés au niveau de la tête du boulet. La mesure dans laquelle un cheval soulève ses sabots du sol s'appelle la cadence.

La condition préalable est que le cheval puisse plier ses hanches, ses genoux et ses jarrets et se porter lui-même. Le plus grand défi est de maintenir le rythme. Le cavalier est assis bas sur la selle. Sa main extérieure freine le mouvement vers l'avant, tandis que la main intérieure maintient le cheval droit et debout. La quantité de force nécessaire varie d'un cheval à l'autre, mais en principe, la cuisse se trouve à environ une demi-largeur de main derrière la sangle. Le cheval est poussé alternativement au rythme des foulées afin d'inciter l'arrière-main à suivre le même rythme.

Le **passage**, quant à lui, est également un mouvement de trot rassemblé, mais il allonge considérablement la phase de suspension entre les foulées. La meilleure façon d'amorcer le passage est de partir du piaffer. Le cheval continue d'être ramené au trot. En d'autres termes, les deux cuisses poussent et l'avant est arrêté. Au passage, le mouvement vers l'avant n'est cependant pas freiné. La cadence du piaffer doit être conservée et complétée par une phase de suspension prolongée.

Une **pirouette** peut être montée au pas, au galop ou comme piaffer. Tous les chevaux ne sont pas anatomiquement prédisposés à exécuter cette leçon de manière irréprochable. Nous allons l'étudier en prenant l'exemple de la pirouette au galop : L'avant-main du cheval se déplace dans un petit cercle autour de l'arrière-main. Une pirouette complète est composée de six à huit sauts de galop, au cours desquels le cheval effectue une rotation de 360 degrés. Une demi-pirouette ne comporte qu'un tour de 180 degrés avec trois ou quatre sauts.

Pour préparer les chevaux lentement mais sûrement, il est conseillé de pratiquer l'épaule en dedans au galop sur le côté long. Le traversier peut également aider à la préparation. Si le cheval part au galop rassemblé, le travail peut commencer. L'aide de poids est fortement déplacée vers l'intérieur. La cuisse et les rênes intérieures assurent la flexion et la position. Le cheval est guidé et limité par la cuisse et les rênes extérieures. Chaque galop doit être effectué comme s'il s'agissait d'une aide au départ. Il est important de travailler également l'interruption de la pirouette. Il n'est pas facile de se redresser à partir d'un mouvement latéral aussi prononcé et cela demande beaucoup de tact et de perméabilité.

CLASSES DE DRESSAGE

Le dressage est divisé en différentes classes afin de délimiter l'étendue des prestations. Pour les jeunes cavaliers déjà, il existe par exemple les **compétitions de marcheur et de cavalier en longe**. Elles constituent une classe à part entière des compétitions équestres. Vient ensuite le **dressage E**. Le E signifie débutant et doit, comme son nom l'indique, permettre de débuter en dressage.

Tout le monde commence un jour et c'est précisément pour cela qu'elle est optimale. À partir de cette classe, il faut passer des examens d'insigne (par exemple l'insigne d'équitation sept) avant la compétition, afin de s'assurer que le cavalier est à la hauteur des exigences. Les débutants peuvent surestimer les compétences de leur cavalier, mais aussi les capacités de leur cheval. L'examen ne porte pas seulement sur l'exécution pratique des leçons d'une classe donnée, mais aussi sur les connaissances théoriques de base. L'examen doit montrer la maîtrise de toutes les allures de base sur des figures de maréchal-ferrant telles que le cercle, les boucles ou le demi-tour. La plupart des épreuves de niveau E se déroulent en un seul parcours. Cela permet de montrer que le cavalier a le contrôle de son cheval et s'il a le sens de la collaboration avec d'autres cavaliers. L'épreuve doit se dérouler de manière harmonieuse et synchronisée. L'assiette du cavalier, la maniabilité du cheval et l'impression générale qui se dégage de l'épreuve sont notées. En principe, l'épreuve ne dure que trois minutes, mais ces trois minutes demandent de la concentration et peuvent être très éprouvantes.

Vient ensuite le **dressage A**. Le A signifie débutant, mais ne signifie pas que ce sera facile. La classe se base sur ce qui est demandé dans le dressage E. Des leçons un peu plus exigeantes sont ajoutées, comme le reculer, qui doit montrer que le cheval est rassemblé. Cela permet également aux juges de voir si le cavalier a le sens des aides qu'il peut donner par son assiette. Une autre leçon consiste à "faire mâcher les rênes de la main". Les juges veulent voir si la musculature du cheval se détend ou si elle est crispée. En passant les rênes, on voit si le cheval est sur les bonnes aides. Ensuite, on ne demande pas seulement les allures de base, mais aussi le renforcement du trot moyen et du galop moyen. Cela permet de voir si le cavalier a le contrôle du cheval et s'il peut agir à tout moment sur le rythme. Il doit également maîtriser la réduction/l'agrandissement du carré et l'équitation de précision. Ici aussi, le cheval et le cavalier doivent donner une image harmonieuse.

Même s'il est décrit comme une classe facile, le **dressage L** est tout, mais pas facile. Aux exigences de la classe A s'ajoute ici le rassemblement. Le cheval doit s'appuyer activement sur son arrière-main. Il ne faut donc pas seulement montrer le trot et le galop renforcés, mais aussi le trot et le galop rassemblés. Les transitions doivent être clairement visibles. En outre, des voltes au trot ainsi que le demi-tour de l'arrière-main (également appelé demi-tour court) sont ajoutés. Les juges peuvent ainsi voir si le cheval se laisse courber et placer et s'il se tient correctement aux aides. Pour savoir si le cavalier a rassemblé le cheval, le galop extérieur doit être présenté. En général, l'épreuve consiste en de nombreuses figures de maréchalerie qui impliquent des changements de main. Il s'agit par exemple de changer de main en sortant du cercle ou de faire demi-tour en sortant du coin.

Vient ensuite le **dressage M**. Le M correspond à des exigences moyennes, qui se situent déjà au niveau des professionnels. Dans ces classes, le carré avait toujours une taille de 20 mètres sur 40. En dressage M, la taille peut atteindre 20 mètres sur 60. Les leçons sont toujours montées à la bride. En plus des leçons des classes précédentes, les allures latérales, comme le traversal et l'épaule en dedans, sont plus nombreuses. Le trot et le galop renforcés sont également exigés. Les changements de rythme, le renforcement et le rassemblement doivent donc être maîtrisés avec assurance. Les premiers changements de pied à la volée sont également demandés en préparation des classes supérieures.

Classe S, la plus difficile de toutes. Elle aussi est généralement montée à la bride et dure entre cinq et six minutes. Il s'agit des leçons les plus exigeantes.

Cela signifie qu'il faut montrer non seulement le traversal, mais aussi le zigzag et les décalages de traversal au galop. Il faut également montrer, entre autres, le piaffer, le passage, le renversement, les changements de pied, les demi-tours et la pirouette. Au niveau international, on distingue le St-Georges, le Grand Prix et le Grand Prix Spécial.

Le couronnement du dressage est le programme libre, également appelé dressage libre. La même présentation équestre des leçons s'applique, mais celles-ci doivent être présentées de manière adaptée à une musique. Il s'agit donc d'une véritable chorégraphie. Les leçons choisies par le cavalier et l'ordre dans lequel elles sont exécutées sont décidés par le cavalier et son cheval. En ce qui concerne le choix de la musique, tout est possible, de la musique classique à la pop en passant par la chanson.

Les épreuves sont notées sur une échelle de zéro à dix. Un zéro signifie que l'épreuve n'a pas été exécutée et un 10 que l'épreuve était excellente. Mais des notes intermédiaires, comme 7,8 ou 8,3, sont également possibles. Les juges donnent ainsi une pondération à la note. La note globale est composée des notes individuelles des leçons. Si un cavalier chute, il perd 2,0 points. Un cavalier dont le score est inférieur à 5,0 n'est pas classé.

A partir de la classe L, il n'y a pas qu'un seul juge, mais trois. Il n'y a alors pas de note, mais un nombre de points.

Comme nous l'avons déjà mentionné, indépendamment des différentes classes, l'image globale est toujours prise en compte dans chaque épreuve. Le cavalier et le cheval doivent travailler en harmonie. Pour cela, il est essentiel de comprendre la nature du cheval, d'avoir une assiette équilibrée et d'utiliser correctement les aides.